FACULTÉ DE DROIT DE TOULOUSE.

ACTE PUBLIC

Pour la Licence,

EN EXÉCUTION DE L'ART, 4, TIT. 2 DE LA LOI DU 22 VENTÔSE AN 12.

M. ADÉMA (Eugène), de Saint-Girons (Département de l'Ariége), soutiendra l'Acte Public général sur tous les objets d'étude fixés pour les trois premières années, desquels ont été extraits les lois, titres et articles suivans.

Jus Romanum.

De Emptione-Venditione.

Lib. 3, Tit. 24, Inst.

EMPTIO-VENDITIO est contractus solo consensu constans de re tradendâ pro certo pretio et in pecuniâ numeratâ constituto.

Perfectio emptionis et venditionis distinguenda est ab ipsius consummatione.

Emptio est perfecta simul atque de re et de pretio convenerit, quamvis nondùm pretium numeratum sit, ac ne arrha quidem data fuerit. Sed hoc quidem de emptionibus qui sine scriptura consistunt obtinere opportet. In his autem quæ scriptura conficiuntur, non aliter perfecta est emptio-venditio, nisi et instrumenta emptionis fuerint scripta a contrahentibus autem subscripta si per tabellionem fiunt, nisi et completiones acciperint, et fuerint partibus absoluta.

Emptionis consummatio fit tantùm cùm emptori tradita res est, vel pretium numeratum, vel alio modo venditori sat'sfactum est.

Perfectionis hi sunt effectus, 1.º ut, nisi al'quid desit emptionis perfectioni pænitentiæ locus non sit, id est, ut non possit unus, invito altero, a contractu recedere, etiamsi arrhæ datæ fuerint; 2.º ut periculum rei venditæ statim ad emptorem pertineat, tametsi ea res emptori tradita non sit, id circo ei dominium non sit trans-latum, quia venditor certæ speciei debitor est; et principium est: *Debitores* certæ speciei liberantur interitu rei. Hæc tamen non obser-vatur regula, si venditoris dolus aut culpa levis intervenerit, aut si venditor casum in se susceperit, aut si res ad pondus, numerum, mensuram, vel gustum vendita, nundùm appensa, numerata, ad-mensa, vel degustata perierit.

Nulla emptio sine pretio esse potest; pretium in pecuniâ nume-ratâ consistere debet, quia si res pro re daretur esset permutatio, præterea pretium debet esse certum vel per quantitatem, vel per relationem ad aliam quantitatem; potest etiam pretium conferri in arbitrium tertiæ certæ personæ.

Emptio tam sub conditione quàm purè contrahi potest.

Res omnes vendi possunt, modò sint in hominum commercio, etiam spes, res futuræ, res incorporalis.

Ex hoc contractu duplex oritur actio; empti scilicet et venditi, et utraque directa. Illa datur emptori qui pretium solvit adversus ven-ditorem ejusvè hæredes ut re tradat cum omni causâ. Hæc competit venditori qui rem tradit adversus emptorem ejusve hæredis ut pretium solvat, et præstet aliquid ex bonâ fide præstandum est.

Code Civil.

Titre 3. — *Du Domicile.*

Le domicile consiste dans la relation morale de l'homme avec le lieu de sa résidence , où il a fixé le siége administratif de sa fortune, l'établissement de ses affaires (proudhon).

On distingue le domicile d'origine , le domicile politique et le domicile d'élection , ou domicile élu , celui qui , pour certains actes , suppose une personne domiciliée dans un lieu où elle n'habite pas réellement.

Il faut se garder de confondre le domicile avec la résidence.

Le domicile peut être assimilé à un droit, qui , une fois acquis , se conserve par la simple intention. La résidence , au contraire, se perd dès l'instant où l'on cesse de résider.

Le changement de domicile s'opère par le fait d'une habitation réelle dans un autre lieu. Une simple habitation dans un autre lieu , sans l'intention prouvée d'y fixer son principal établissement, ne constaterait qu'une simple résidence. La preuve de l'intention doit résulter d'une déclaration expresse , faite tant à la municipalité du lieu que l'on quitte , qu'à celle du lieu où on transfère son domicile.

Le lieu où une succession s'ouvrira , sera déterminée par le domicile du défunt.

TITRE IV.

Des Absens.

On nomme absent, en droit, celui qui a quitté son domicile, et dont l'existence est devenue incertaine , par la raison qu'on ignore absolument le lieu de sa résidence. L'homme éloigné de son domicile, et dont on a de nouvelles, est qualifié de non présent (art. 840 du code).

Le principe fondamental en cette matière, est que l'absent est présumé mort ; cette présomption augmentant en raison du temps qui s'est écoulé depuis la disparition de l'absent. Le code a envisagé le titre des absens sous six points de vue bien différens ; 1.º de la présomption d'absence ; 2.º de la déclaration d'absence ; 3.º de l'envoi en possession provisoire et de ses effets ; 4.º de l'envoi en possession définitive et de ses effets ; 5.º des effets de l'absence, relativement aux droits éventuels qui peuvent compéter à l'absent; 6.º des effets de l'absence relativement au mariage.

CHAPITRE PREMIER.

De la Présomption d'Absence.

Dans quelle circonstance doit-on pourvoir aux intérêts de l'absent présumé ? — Quel est le tribunal compétent pour ordonner les mesures nécessaires ? — Quelles mesures peuvent être ordonnées ? — Qu'entend-on par parties intéressées ?

La loi ne permet de pourvoir aux affaires de l'absent, que lorsque la nécessité l'exige, et que cela résulte expressément des circonstances ; quand, par exemple, l'absent n'a pas laissé de mandataire suffisamment autorisé, ou que le mandat vient à cesser.

Aux termes de l'article 112, le tribunal de première instance sera compétent pour ordonner les mesures convenables. C'est d'après cette disposition du code, que M. Tronchet a soutenu victorieusement au conseil d'état, que c'est le tribunal du domicile de l'absent qui doit ordonner la mesure que l'administration de ses biens exige, parce que c'est au lieu et domicile de l'absent qu'on est présumé connaître, mieux que partout ailleurs, les motifs de sa disparition ou de son silence.

La loi gardant un profond silence sur les mesures qui peuvent être ordonnées, elles dépendent nécessairement des circonstances, et le choix en appartient aux tribunaux chargés de veiller aux intérêts de l'absent. On ne saurait mieux faire dans ce cas, que de nommer un curateur. Néanmoins s'il s'ouvre une succession au profit du présumé absent, le tribunal, à la requête de la partie la plus diligente, commettra un notaire pour le représenter dans les comptes, partages et liquidations dans lesquels il sera intéressé.

Le ministère public est formellement chargé de veiller aux intérêts du présumé absent, lorsqu'ils sont tellement isolés, qu'il ne se trouve pas des tiers intéressés à provoquer les mesures nécessaires.

CHAPITRE 2.

De la Déclaration d'Absence.

LA déclaration d'absence est un jugement par lequel les juges déclarent qu'une personne, jusqu'alors présumée absente, doit être considérée comme absente.

Les circonstances dans lesquelles il y a lieu de pourvoir à la déclaration d'absence, sont déterminées par les deux cas suivans : ou l'absent est parti sans confier le soin de ses affaires à un mandataire, ou bien il a laissé une procuration.

Dans le premier cas, pour que les juges puissent prononcer la déclaration d'absence, il faut que l'absent ait disparu de son domicile, qu'il n'ait pas donné de ses nouvelles depuis le moment de son départ ; enfin, que quatre années se soient écoulées depuis sa disparition ou dernières nouvelles.

Dans le second cas, la loi prescrit que la déclaration d'absence ne pourra être demandée qu'après dix ans révolus, depuis la disparition de la personne qui a laissé une procuration, ou depuis ses dernières nouvelles.

La demande en déclaration d'absence doit être portée devant le tribunal du domicile de l'absent, par la raison que la déclaration d'absence est une mesure qui a trait aux personnes.

Quant aux mesures à prendre pour faire prononcer la déclaration d'absence, le tribunal doit peser attentivement les preuves sur lesquelles reposent la demande en déclaration d'absence.

Aussitôt que le jugement de déclaration d'absence sera rendu, le procureur du roi l'enverra au ministre de la justice, ainsi que le jugement, tant préparatoire que définitif, qu'il est chargé de rendre public. Le jugement de déclaration d'absence ne sera rendu qu'un an après le jugement qui aura ordonné l'enquête.

CHAPITRE 3.

De l'Envoi en Possession provisoire, et de ses effets.

SECTION PREMIÈRE.

De l'Envoi en Possession provisoire.

Les héritiers présomptifs de l'absent au jour de son départ ou de ses dernières nouvelles, pourront, en vertu du jugement définitif qui aura déclaré l'absence, se faire envoyer en possession provisoire des biens appartenant à l'absent, à la charge de donner caution pour la sûreté de leur administration.

Les héritiers présomptifs ne peuvent ni aliéner, ni hypothéquer les immeubles de l'absent; ils ne sont que de simples dépositaires, et sont comptables envers l'absent, en cas qu'il reparaisse ou qu'on ait de ses nouvelles.

Lorsque les héritiers présomptifs auront obtenu l'envoi en possession provisoire, le testament, s'il en existe un, sera ouvert à la requête des parties intéressées, ou du procureur du roi; et tous ceux qui auront des droits subordonnés à la condition de son décès, pourront les exercer, à la charge de donner caution.

Section 2.

De ses Effets.

Si l'absent reparaît avant quinze ans révolus, depuis le jour de sa disparition, il n'aura droit qu'à un cinquième des revenus, et à un dixième, s'il ne reparaît qu'après quinze ans.

Après trente ans, à compter du jugement de déclaration d'absence, la totalité des revenus sera acquise aux envoyés en possession provisoire.

Les envoyés en possession provisoire, en vertu du jugement, exercent les droits de l'absent, et répondent des pertes qui arrivent par leur faute.

Les créanciers de l'absent peuvent exercer contre eux tous les droits qu'ils auraient été à même d'exercer contre l'absent.

CHAPITRE 4.

De l'Envoi en Possession définitif et de ses Effets.

—————

Section Première.

De l'Envoi en Possession définitif et de ses Effets.

Si l'absence a continué pendant trente ans depuis l'envoi en possession provisoire, ou s'il s'est écoulé cent ans révolus depuis la naissance, les cautions sont déchargées, et le tribunal peut prononcer l'envoi en possession définitif des biens de l'absent, au profit des ayans droits.

Il faut établir une différence entre les biens de l'absent sur ses propres biens, et les droits qui compètent à ses enfans ou descendans. La prescription ne peut jamais leur être opposée, tandis que l'art. 133 limite, au délai de trente ans, la demande de la restitution des biens de l'absent, provoquée par ses héritiers contre les envoyés en possession définitive.

Si le décès de l'absent est prouvé après l'envoi, soit provisoire, soit définitif, ceux de ses parens les plus près excluent les envoyés en possession, sous la réserve, néanmoins, des fruits par eux acquis, conformément à l'art. 127.

CHAPITRE 5.

Des Effets de l'absence relativement aux droits éventuels qui peuvent compter à l'absent.

Il est de principe, consacré par l'art. 135, qu'on ne peut recueillir une succession du chef d'un individu dont l'existence est incertaine ; d'un autre côté, l'art. 136 est ainsi conçu : s'il s'ouvre une succession à laquelle soit appelé un individu dont l'existen e n'est pas connue, elle sera dévolue exclusivement à ceux avec lesquels il aurait eu le droit de concourir, ou à ceux qui l'auraient recueillie à son défaut : cet article porte , sera dévolue exclusivement. Par exemple, un homme meurt, laisse deux enfans et 50,000 francs ; l'un des enfans est présumé absent, l'autre recueille la succession ; si l'enfant absent avait fait un testament, pour que les légataires pussent avoir droit à la portion du présumé absent, c'est-à-dire de 25,000 fr., il faut qui pussent prouvé l'existence de l'enfant à la mort du père ; et si le frère absent laisse des enfans, ils pourront recueillir la portion de leur père, comme le dit l'article, à défaut du père.

CHAPITRE 6.

Des Effets de l'absence relativement au Mariage.

L'absence n'opérant pas la dissolution du mariage, l'époux, dont le conjoint est absent, ne peut, sous aucun prétexte, convoler à de secondes noces : s'il en était autrement, l'époux absent, dont le conjoint a contracté une nouvelle union, sera seul recevable, d'après l'art.

l'art. 139, à attaquer ce mariage, par lui-même ou son fondé de pouvoir, muni de la preuve de son existence.

Il y a une question à résoudre, qui est de savoir si le ministère public pourrait, dans le cas du silence de ce dernier, demander la nullité du mariage ; l'affirmative paraît résulter de ce que le motif qui a dicté l'art. 139 n'existe plus, puisque le sort de l'absent n'est plus incertain ; de ce que l'art. 147 reprend alors toute sa force, puisqu'il est constant que le premier mariage n'est pas dissout.

Si l'époux absent n'a point laissé de parens habiles à lui succéder, l'autre époux pourra demander l'envoi en possession provisoire des biens.

Le conjoint n'est habile à succéder qu'à défaut de parens au 12.ᵉ degré.

Code de Procédure.

TITRE PREMIER.

De la Conciliation.

LE but de la conciliation est de prévenir les contestations judiciaires. Le ministère du juge de paix au bureau de conciliation est de calmer les passions, d'adoucir les esprits, de tâcher enfin de concilier les parties.

En règle générale, nul procès ne peut être porté devant un tribunal, qu'autant qu'il est constaté qu'il n'a pas été possible de le prévenir par une transaction. L'art. 48 n'exige le préalable de l'épreuve conciliatoire, qu'à l'égard de ceux qui sont capables de transiger, et lorsque le différent a rapport à un objet qui est susceptible de transaction.

L'art. 49 spécifie une foule de demandes à l'égard desquelles la tentive de conciliation n'a pas besoin d'être épuisée.

En matière personnelle et réelle le défendeur sera cité en conciliation devant le juge de paix de son domicile ; s'il y a deux demandeurs devant le juge de l'un d'eux, au choix du demandeur ; en matière de société, devant le juge du lieu ou la société est établie ; en matière de succession, devant le juge de paix ou la succession est ouverte.

Le délai de la citation est de trois jours ; elle doit être donnée par un huissier de la justice de paix du défendeur ; elle énoncera sommairement l'objet de la conciliation.

Celui qui ne pourra comparaître pour la conciliation, ne sera pas tenu de payer l'amende, s'il justifie qu'il en a été empêché par des causes légitimes ; la cour de casssation l'a ainsi jugé dans un de ses arrêts rapportés par *Sirey*, dans son recueil de l'an 12, page 53.

En cas de non comparution de l'une des parties, il en sera fait mention sur le registre du greffe de la justice de paix, et sur l'original ou la copie de la citation, sans qu'il soit besoin de dresser procès-verbal (art. 58).

TITRE 2.

Des Ajournemens.

LORSQUE les parties n'ont pu se concilier dans les affaires où cette première voie est ordonnée, le demandeur traduit son adversaire en justice par un acte qualifié d'assignation ou d'ajournement.

L'art. 61 indique tout ce que doit contenir l'exploit d'ajournement, le tout à peine de nullité ; si c'est un héritage, sa désignation devient une chose nécessaire dans l'exploit.

Il sera donné, avec l'exploit, copie du procès-verbal de non conciliation, ou copie de la mention de non comparution.

L'huissier qui ne trouvera au domicile, ni la partie, ni aucun de ses parens ou domestiques, remettra la copie au voisin, qui signera l'original ; si le voisin ne peut ou ne veut signer, l'huissier doit remettre la copie au maire ou adjoint de la commune, qui visera l'original sans frais.

La lecture de l'art. 69 suffit pour être fixés sur les individus et les lieux auxquels doivent être adressées les signfications des diverses citations dont s'occupe cet article. Le tout doit être observé à peine de nullité.

Le délai ordinaire des ajournemens est fixé pour tous les pays par les art. 72, 73 et 74 du cod. de pr.

Lorsque la partie est domiciliée à plus de trois myriamètres au delà du lieu ou siège le tribunal, l'augmentation est d'un jour pour chaque trois myriamètres, lors même qu'ils ne sont pas complets ; il suffit qu'ils soient commencés.

Titre 3.

De la Constitution d'Avoué.

Le demandeur étant obligé de se conformer aux règles établies pour les ajournemens, le défendeur à son tour doit se mettre à même de pouvoir se défendre dans les délais et les formalités que lui prescrit la loi.

La partie assignée doit constituer avoué dans le délai de la citation qui lui a été donnée. Cette constitution se fait par un simple acte signifié d'avoué à avoué. Les procédures faites et les jugemens obtenus contre l'avoué révoqué et non remplacé, seront valables.

Une partie ne peut révoquer son avoué, sans en constituer un autre.

Aux termes de l'art. 76 si la demande a été formée à bref délai, le défendeur pourra au jour de l'échéance faire présenter à l'audience un avoué, auquel il sera donné acte de sa constitution. Ce jugement ne sera point levé ; l'avoué sera tenu de réitérer dans le jour sa constitution par acte, faute par lui de le faire, le jugement sera levé à ses frais.

Si le défendeur n'a point fourni des défenses dans le délai de quinzaine, le demandeur pourra poursuivre l'audience sur un simple acte d'avoué à avoué, portant sommation d'advenir à l'audience.

Pandectes.

Des Contrats et Obligations conventionnelles en général.

CHAPITRE PREMIER.

Le contrat, tant d'après la législation romaine que d'après notre code, est une espèce de convention faite entre deux personnes ou un plus grand nombre, par laquelle un des contractans où chacun d'eux s'impose envers l'autre la nécessité de donner, ou payer, de faire ou ne pas faire quelque chose.

Le contrat diffère de la convention en ce qu'il engage toujours l'obligation. Ainsi je m'oblige à donner à Pierre la somme de dix mille francs est un contrat, parce qu'il y a une obligation légale d'exécuter ma promesse. La convention au contraire peut ne pas être obligatoire. Je conviens d'aller à tel en droit est une convention, parce qu'on ne peut pas me contraindre à tenir ma promesse. Un contrat est toujours une convention, mais une convention n'est pas toujours un contrat.

L'obligation est le lieu qui résulte du contrat et au moyen duquel nous sommes astreints à l'exécuter. *Obligationum substantia consistit ut alium nobis obstringat ad dandum aliquid, vel faciendum, vel præstandum.*

Le contrat est de plusieurs espèces; il est synallagmatique ou bilatéral, lorsque les contractans s'obligent réciproquement les uns envers les autres. Ainsi, dans la vente, le vendeur est obligé de céder la propriété et l'acheteur à payer le prix.

Le contrat anallagmatique ou unilatéral est celui qui engage une ou plusieurs personnes envers une ou plusieurs autres, sans que de la part de ces derniers il y ait engagement ; ainsi dans la donnation qui n'est pas grevée de charges, le donateur est obligé de livrer la chose, et le donataire ne contracte aucun engagement.

On distingue encore le contrat commutatif du contrat aléatoire. Il est commutatif, lorsque chacune des parties s'engage à donner, une chose qui est regardée comme l'équivalent de ce qu'elle reçoit. Tel est le contrat de vente où le prix est l'équivalent de la chose, et *(vice versâ)* l'échange, etc.

Le contrat est aléatoire, suivant un autre disposition du même article, lorsque l'équivalent consiste dans la chance du gain ou de perte, pour chacune des parties, d'après un événement incertain. Telle est la vente d'un coup de filet, la rente viagère.

On entend par contrat de bienfaisance, celui dans lequel l'une des parties procure à l'autre un avantage purement gratuit ; mais l'article suivant définit le contrat à titre onéreux, celui qui assujétit chacune des parties à donner, à faire quelque chose : ainsi la vente, le louage sont des contrats à titre onéreux.

On distingue encore d'autres divisions de contrats ; les plus importans sont en contrats consensuels et réels ; le contrat consensuel, comme la vente, le louage, le mandat, la société, ne requiert, pour sa perfection, que le seul consentement des parties ; les contrats réels, ceux, au contraire, qui, outre le consentement des parties, exigent la tradition de la chose, tel est le dépôt qui n'existe qu'autant que la chose est livrée au dépositaire.

Code de Commerce.

Des Commissionnaires en général.

Le commissionnaire est celui qui agit pour le compte d'un tiers ; il peut agir en son nom, ou sous un nom social ; il peut agir sous le nom de son commettant.

Le commettant pour le compte duquel agit le commissionnaire, est censé agir lui-même ; il est responsable de toutes les affaires que peut contracter le commissionnaire, pourvu que celui-ci se renferme dans les bornes de son mandat.

Si le commissionnaire agit en son propre nom, ceux qui contractent avec lui ne connaissent que lui seul, ils peuvent le poursuivre directement ; si au contraire, le commissionnaire agit sous un nom social, il pourra exercer son recours contre son commettant, et la société dont il fait partie est également obligée, et les tiers peuvent intenter une action contre la société.

Tout commissionnaire qui fait des avances sur des marchandises à lui expédiées pour être vendues, a privilége pour le remboursement de ses avances, intérêts et frais ; mais il faut pour cela, 1.º que l'expédition des marchandises lui ait été faite dans une autre place ; les marchandises doivent être à sa disposition, dans ses magasins ou dans un dépôt public, ou bien il doit justifier, par un connaissement ou par une lettre de voiture, l'expédition qui lui a été faite.

Lorsque les marchandises ont été vendues et livrées pour le compte du commettant, le commissionnaire a le droit de se rembourser sur le produit de la vente du montant de ses avances, intérêts et frais, par préférence aux créanciers du commettant.

§ II.

Des Commissionnaires pour les Transports par Terre et par Eau.

LES personnes qui, moyennant un prix fixe et convenu, contractent avec les négocians ou autres qui leur donnent des marchandises, de les faire parvenir à leur destination définitive, sont appelés commissionnaires pour les transports par terre et par eau.

Le commissionnaire des transports, par terre et par eau, est tenu d'avoir un livre-journal, soumis aux mêmes formalités que celui des commerçans ; d'y inscrire la déclaration de la nature de marchandises qui lui sont remises ; s'il en est requis, de leur valeur.

Il est garant de l'arrivée des marchandises et effets dans le délai déterminé par la lettre de voiture, hors les cas de la force majeure, légalement constatée. Il est garant des avaries ou pertes des marchandises et effets, s'il n'y a stipulation contraire dans la lettre de voiture, ou force majeure ; il est garant des faits du commissionnaire intermédiaire auquel il adresse les marchandises (code de com.).

La lettre de voiture est un écrit privé, que l'expéditeur remet au commissionnaire ou au voiturier ; elle est ouverte, et doit être sur papier timbré, sous peine d'amende. L'article 102 indique tout ce que doit contenir la lettre de voiture.

Dans l'usage, toutes les formalités prescrites par cet article s'observent ; mais si l'on en omettait quelqu'un, la lettre de voiture ne serait pas nulle.

***

Cet Acte sera soutenu, le 12 Août 1828, dans la séance publique qui commencera à huit heures du matin.

Vu par le Président de la Thèse,

FLOTTES.

TOULOUSE,

IMPRIMERIE DE CAUNES, RUE DES TOURNEURS,

HÔTEL PALAMINY.

www.ingramcontent.com/pod-product-compliance
Lightning Source LLC
Chambersburg PA
CBHW050406210326
41520CB00020B/6475